AF249571

PERSONNAGES.   ACTEURS.

SAINT-TRON, provençal, commandant
  de frégate.   M. Philippe.

* THÉODORE, son neveu.   Mlle. Desmarres.

AUGUSTE.   Jeunes Gardes-   Mlle. St.-Aulère.

MAURICE.   Marine.   Mlle. Clémence.

Quatre autres.

Mme. DUMONT, maîtresse de pension.   Mme. Bodin.

BRIGITE faisant l'office de femme de
  charge.   Mme. Duchaume.

ADELE, 1re. pensionnaire.   Mlle. Minette.

VIRGINIE, 2e. pensionnaire.   Mlle. Virginie.

Quatre autres jeunes filles.

M. DIPHTONGUE, prétendu d'Adèle, et
  professeur de grammaire.   M. Édouard.

Deux de ses amis.

JACQUES, matelot au service de St.-Tron. M. Renet.

Autres matelots, personnages muets.

---

*La Scène se passe devant la maison de campagne de
Mme. Dumont, sur les côtes de Provence.*

---

* Théodore et tous ses camarades ont pantalon et gilet bleus avec
boutons jaunes, une cravatte noire en sautoir, un chapeau relevé du
devant, avec un plumet blanc, et un petit sabre.

LES GARDES-MARINE,

OU

L'AMOUR ET LA FAIM,

VAUDEVILLE EN UN ACTE;

Par MM. DIEULAFOY et GERSIN;

REPRÉSENTÉ SUR LE THÉATRE DU VAUDEVILLE,
LE 14 MARS 1816.

Prix : 1 franc 25 cent.

PARIS,

Chez FAGES, Libraire, au Magasin de Pièces de Théâtre,
boulevart Saint - Martin, N°. 29, vis-à-vis la rue de
Lancry.

1816.

LES GARDES-MARINE,

OU

L'AMOUR ET LA FAIM.

SCÈNE PREMIÈRE.

THÉODORE, AUGUSTE, MAURICE, quatre autres
Gardes-Marine.

(Au lever de la toile, ils sont groupés sur des rochers épars çà et là : les uns fument, d'autres battent leur briquet; deux matelots sont couchés sur des ballots de marchandises; on voit de vieilles armes, un tambour, différentes planches portant ces inscriptions : CORPS-DE-GARDE DE LA MARINE. — ÉTAT-MAJOR. — DÉPÔT D'ARMES, *qui sont appuyées contre les rochers. A droite, est une maison, avec un balcon; sur le second plan, un petit mur et une grille. A la maison est une enseigne :* PENSIONNAT DE DEMOISELLES, *qui ne doit être aperçue que du public).*

THÉODORE.

AIR : *De la robe et les bottes.*

Honneur à la Marine,
Honneur à ses enfans !
De l'eau qui nous chagrine
Nos verres sont exempts.
Lorsque ma pipe est prête,
Quand j'ai ma tasse en main,
   Quelle fête !
   Sur ma tête
   La tempête
   Gronde en vain.
Et vogue la galère,
Boire est la loi première
   Du bon marin.

AUGUSTE.

Agrandir sa patrie,
Chercher des cieux nouveaux ;
Marier l'industrie
De vingt peuples rivaux ;
Quand l'honneur le réclame
Confier au destin
   Et sa rame
   Et son âme,

Puis sa femme
Au voisin.
Et vogue la galère,
Voilà la vie entière
Du bon marin.

THÉODORE.

Vient enfin la bataille,
C'est là son élément.
Pour lui bombe et mitraille
Font un concert charmant,
Partout il se signale
Mèche et sabre à la main.
S'il détale,
S'il dévale,
Il régale
Un requin.
Et vogue la galère,
Voilà comme s'enterre
Le bon marin.

SCENE II.

LES MÊMES, SAINT-TRON, JACQUES.

SAINT-TRON, *qui a écouté la fin du dernier couplet, le répète en s'avançant.*

Voilà comme s'enterre
Le bon marin.

(*Tous les Marins se lèvent et saluent le Commandant.*)

Bravo ! mes enfans ; j'aime à vous trouver à votre poste.

THÉODORE.

Ma foi ! Commandant, depuis demi-heure que vous nous avez postés ici, nous n'avons pas bougé.

SAINT-TRON.

Je m'en aperçois. La Provence n'a pas aujourd'hui de côte plus embaumée que celle-ci. Certain parfum de pipe....

THÉODORE.

Ce n'est pas étonnant ; quand on n'a pas de quoi déjeûner, on fume.

SAINT-TRON.

Oui, c'est un plaisir de plus. — Tout est-il embarqué ?

AUGUSTE.

Tout, Commandant, excepté ces vieilles armes et ces débris qui ont servi à notre dernier campement.

SAINT-TRON.

C'est bon : joignez-y ce paquet d'habits neufs. (*Jacques porte à la chaloupe le paquet d'habits dont il est chargé.*)

Jeunes gens, c'est pour vous. La mitraille, dans la dernière affaire, a un peu saboulé ceux que vous portez.

THÉODORE,

J'espère, mon oncle, que nous y avons fait notre devoir.

SAINT-TRON,

Oui, tous; mais toi, tu n'as pas voulu ta part des récompenses que j'ai promises : c'est ce qui me fâche.

THÉODORE,

Ma foi ! mon oncle, c'est que je veux la mienne en nature.

AIR : *Ça fait du plaisir.*

J'estime peu, je le confesse,
Ces biens qu'on partage entre tous,
A mes amis, votre largesse
A promis de l'or, des bijoux;
A moi, fillette jeune et sage,
Et je m'y tiens sans examen :
Entre amis, si ça se partage,
Ce n'est du moins qu'après l'hymen.

SAINT-TRON,

Je t'ai promis une fillette, moi ?

THÉODORE,

Vous savez bien; cette petite Adèle que j'aime, que j'adore, et à qui je n'ai cessé de penser malgré mes étourderies et tous les dangers que j'ai courus. Vous m'avez promis que si, de retour au pays, j'avais le bonheur de la retrouver fidèle, vous me la feriez épouser.

SAINT-TRON,

Et où diable, après trois ans d'absence, veux-tu retrouver une femme fidèle ?

THÉODORE,

Bah ! Et la fortune ! On trouve bien en pleine mer un boulet de canon que l'on ne cherchait pas, — Nous voilà presque sur la frontière. Je compte sur votre parole, et je me battrai pour rien jusqu'à ce que vous m'ayez donné tout ce que je veux.

SAINT-TRON,

C'est dit : en attendant, qu'on ne bouge pas de dessus ces rochers, et qu'on veille à l'embarquement de tout ce qui reste à terre.

AUGUSTE,

Mais nous crevons de faim, Commandant.

SAINT-TRON,

Tant mieux; de retour à bord vous trouverez bien

meilleur.... le biscuit. Je n'ai plus qu'une heure de tra-
vail au bureau que vous voyez là-bas : ainsi je vous le répète ; garde à vous, mes petits ; je suis Saint-Tron et de
nom et de fait.

TOUS LES JEUNES MARINS.

Oh ! soyez tranquille.

SAINT-TRON.

Point de frasques, point de sottises pendant mon absence.

THÉODORE.

Des gens comme nous !

SAINT-TRON.

Bagasse ! C'est précisément parce que vous êtes des
gens comme vous que je tremble. Des gardes-marine !
Est-ce que je n'y ai pas passé ? est-ce que tous les ports
des quatre parties du monde ne se souviennent pas de
Saint-Tron ?

AIR *de Doche.*

Quand j'étais garde-marine,
Il fallait voir les bons tours
Que ma tête, à la sourdine,
Imaginait tous les jours.
Il n'était vître cassée,
Il n'était porte forcée,
Il n'était cave enfoncée,
Fille soufflée au voisin,
Ni patrouille un peu rossée,
Qui ne le fût de ma main.

LES JEUNES GENS.

C'est divin ! c'est divin !
Ce sont des tours admirables,
Adorables, impayables !
Ah ! que je serais content
Si j'en pouvais faire autant !

SAINT-TRON.

Non, messieurs, c'est détestable,
C'est infâme, abominable :
Je chasserais à l'instant
Quiconque en ferait autant.

SAINT-TRON.

(*Il les prend tous par la main et les rapproche de lui.*)
Jugez un peu, mes enfans, de l'excès de mon audace.

AIR : *Une fille est un oiseau.*

Un jour, avec mes amis,
J'arrête, en faux-commissaire,
Une noce toute entière,
Qui retournait au logis.

Remarquez l'affreux scandale :
Par notre bande infernale,
Maris, témoins, dans la cale
Sans pitié tout est conduit.
Et nous, garnemens infâmes,
Sur le pont, avec les femmes,
Nous dansons toute la nuit.

LES JEUNES GENS.

Que d'esprit, que d'esprit !
Que ce passe-temps aimable,
Est admirable, est impayable, etc.

SAINT-TRON, *avec force.*

C'est infâme, abominable :
Je casserais à l'instant
Quiconque en ferait autant.

(*Il fait le même jeu.*)

Ça n'est pas tout; écoutez : Une autre fois sur une roche
en face d'un vieux prieuré, mourant de faim, nous en-
tendons sonner une cloche; c'était celle du dîner.

AIR : *Une fille.*

Dîner sans nous ! saperbleu !
Soudain ma troupe s'assemble :
Au feu ! crions-nous ensemble ;
Au feu ! les moines, au feu !
A ce cri, jugez des transes,
Et voyez nos espérances :
Tandis que leurs révérences
Mettent les pompes en jeu :
Nous, chantant notre victoire,
Cramponés au réfectoire,
Nous pompons le vin de Dieu.

LES JEUNES GENS.

Ah ! morbleu ! ah ! morbleu !
Cette ruse est admirable,
Est impayable, etc.

SAINT-TRON.

Non, messieurs, c'est effroyable,
C'est infâme, abominable,
Je ferais pendre à l'instant
Quiconque en ferait autant.

Vous voilà donc prévenus. On a signalé quelques voiles
barbaresques. Il est possible qu'il prenne à ces écumeurs
l'envie d'attaquer notre frégate; ainsi qu'on soit prêt à
s'embarquer au premier signal. C'est au moment de la
bataille, si elle a lieu, que je récompenserai ou punirai
ceux qui se seront bien ou mal conduits.

AIR : *Il me faudra quitter l'Empire.*

Vous connaissez mon principe
Dans une affaire d'éclat :
Tout marin qui s'émancipe,
Je le prive du combat.

Mais, saperbleu, s'il est sage,
Il est sûr d'être fêté :
Je lui garde l'avantage
De mourir à mon côté.

TOUS, *en levant leur chapeau.*

Accepté, accepté.

SAINT-TRON.

Au revoir et en panne. (*Tous les jeunes gens se remet-tent à leur place. Saint-Tron, en partant, les examine, et leur fait un signe d'approbation.*) Brave jeunesse, comme ça servira bien le Roi !

SCÈNE III.

LES JEUNES GENS.

THÉODORE.

NE bougeons pas, Messieurs. — Est-il parti ?

AUGUSTE, *regardant.*

Oui, il file grand frais.

THÉODORE, *se levant.*

En ce cas, au large.

MAURICE.

Mais à quoi bon ? Où aller ?

AUGUSTE.

Que faire ? Où trouver à déjeûner ? Nous sommes presque dans un désert.

THÉODORE.

Qu'appèle-tu désert ? Ne vois-tu pas ce village à deux pas, une maison qui a quelque apparence, et ce pavillon qui sans doute en fait partie ? On ne doit manquer de rien là-dedans.

AUGUSTE.

Oui ; mais s'il n'y a personne ?

THÉODORE.

Hé bien ! il nous en restera davantage. — Ah ! s'il pas-sait quelque noce ; s'il y avait par-là quelque vieux prieuré. (*On entend frapper dans la main.*) Chut : n'en-tendez-vous pas ?

AUGUSTE.

Quoi donc ?

M. DUMONT *en-dedans.*

Allons, Mesdemoiselles, c'est assez étudier ; prépa-rez-vous à la promenade.

THÉODORE, *près de la porte.*

Mesdemoiselles ? C'est sans doute un pensionnat de jeunes filles ? — En effet, voilà le tableau.

AUGUSTE.

Tant mieux, la compagnie est trouvée ; il ne manque plus que la table. — Sonnons.

THÉODORE.

Non, Messieurs, pas de sottises.

MAURICE.

Il a raison ; entrons sans sonner.

THÉODORE, *l'arrêtant.*

Eh ! non, morbleu ! Sachons d'abord ce que c'est, et louvoyons avant l'abordage. (*Il pousse ses amis vers les rochers à gauche, et se cache vers le plus voisin de la scène.*)

SCÈNE IV.

BRIGITTE, Mme DUMONT, THÉODORE, *caché.*

Mme DUMONT, *parlant dans la maison.*

ALLONS, Mesdemoiselles, de la décence. — Ma sœur, je vous laisse dans ce pavillon avec Adèle, pour soigner les préparatifs de notre petite fête.

THÉODORE, *à part.*

Adèle ! Que veut-elle dire ?

BRIGITTE.

Ah ! ma sœur ! je crains bien que cette fête n'en soit pas une pour cette pauvre enfant !

Mme DUMONT.

C'est possible ; mais qu'y faire ? Adèle est sans bien, sans famille. Sa tante, la seule parente qui lui reste, a accepté les propositions que M. Diphtongue, notre nouveau professeur de grammaire, a bien voulu nous faire pour elle. J'ai reçu de Marseille tous les pouvoirs nécessaires...

BRIGITTE.

Oui, pour sacrifier une innocente.

Mme DUMONT.

Écoutez donc, ma sœur.

AIR : *Vaudeville de l'Avare.*

Diphtongue est un parti sortable.

BRIGITTE.

Pour une belle à cheveux blancs.

Mme DUMONT.

Il est poli, doux, agréable.

BRIGITTE.

Oui, comme on l'est à cinquante ans.

Mme. DUMONT.

J'en conviens avec tout le monde,
Sa première jeunesse a fui.

BRIGITTE.

Ce serait bien heureux pour lui
Qu'il fût encor de la seconde.

Mme. DUMONT.

Eh ! ma sœur, avec les principes austères dont vous avez toujours fait profession, doit-on regarder à ces choses-là ?

BRIGITTE.

Ah ! mon Dieu ! on n'y regarde pas, mais on y pense.

Mme. DUMONT.

Allons, allons, voici sa lettre qui m'annonce qu'il vient d'être reçu maître ès-arts. — (*Elle lit.*) « Ma » chère et honorée Dame ; c'est demain que les arts » et l'hymen me préparent une double couronne. Muni » d'un laurier, je volerai aussitôt à la conquête de » l'autre. Permettez que j'arrive dans le costume de ma » gloire. »

BRIGITTE.

Tiens ! en robe ! quelle vanité !

Mme. DUMONT.

Mais non : c'est un orgueil bien placé. D'ailleurs, tout éblouit une jeune fille ; et, un jour de nôce, il ne faut négliger aucun moyen de séduire. — « Permettez que » j'arrive dans le costume de ma gloire et que j'associe, » à cette seconde fête, quelques-uns de mes confrères » qui ont bien voulu contribuer à la première. »

BRIGITTE.

Allons, toute une société de pédants.

Mme. DUMONT.

N'importe : les paroles sont données, et il faut que cet hymen soit terminé aujourd'hui. J'ai envoyé à M. Diphtongue l'indication exacte de cette maison de campagne où il n'est jamais venu ; si, pendant mon absence, il se présente avec ses amis, veuillez les recevoir avec les honneurs qu'ils méritent. — (*Elle s'avance vers la porte de sa maison.*) Allons, Mesdemoiselles, du maintien, de la décence et les yeux baissés.

VIRGINIE (*à la tête des jeunes personnes qui sortent.*)

Mais, Madame, il n'y a personne.

Mᵐᵉ. DUMONT.

En ce cas, du maintien, les yeux baissés et de la décence. — (*Les demoiselles se dirigent vers le fond.*) Ah !
voilà des objets qui annoncent un débarquement. Tant
mieux, la côte sera plus sûre. (*Elle fait quelques pas.*)
En effet, certaine odeur de tabac annonce que des marins ont passé par ici.

LES JEUNES FILLES, *sur les rochers, éternuent.*

Atchit, atchit.

Mᵐᵉ. DUMONT.

Qu'est-ce donc, Mesdemoiselles? je vous ai demandé
du maintien. (*Elle éternue elle-même.*) Atchit.

SCÈNE V.

THÉODORE, BRIGITTE, AUGUSTE.

THÉODORE, *à part.*

QUELLE est cette Adèle qu'on veut marier ici ?

AUGUSTE, *de loin.*

Eh bien ! que faut-il faire ?

THÉODORE.

Un moment. — Je suis dans une inquiétude, un
trouble. — Ne bougez pas, que je ne vous appelle. —
(*Auguste se retire, et Théodore s'avance sur la scène.*)

BRIGITTE, *à la porte de la maison.*

Adèle ! mademoiselle Adèle !

SCÈNE VI.

THÉODORE, BRIGITTE, ADÈLE.

ADÈLE, *à la croisée.*

Que vous plaît-il, Madame ?

THÉODORE, *à part.*

Ciel ! c'est elle !

BRIGITTE.

Allons, ma chère enfant, ramassez les guirlandes
qu'on a tressées dans cette chambre. Je vais appeler le
jardinier pour qu'il décore cet endroit.

(*Elle va vers la maison du jardinier.*)

ADÈLE.

Oui, Madame. — Mais qu'est-ce donc que ce jeune
homme qui me regarde ?

THÉODORE, *à Adèle.*

Chère Adèle !

ADÈLE.

Il m'appelle !

THÉODORE, *à part.*

Si je pouvais au moins lui parler, me faire reconnaître,

BRIGITTE, *à la grille du jardin.*

Antoine ! Antoine ! Personne. — Allons, il n'est pas encore revenu de chez le notaire. Adèle ? Elle n'y est plus. Me voilà seule. Qui va m'aider à faire notre besogne ?

THÉODORE.

Ah ! Madame, que je suis heureux de pouvoir vous offrir mes services ; il y a dix ans que je porte dans mon cœur le désir de vous obliger.

BRIGITTE.

Comment ? comment dix ans ?

THÉODORE.

Je veux dire qu'il y a dix jours, dix minutes que je cherche l'occasion de vous voir, de vous parler : est-ce que vous ne me reconnaissez pas ?

BRIGITTE.

Moi ! que le ciel m'en préserve !

THÉODORE (*élevant la voix, pour se faire entendre d'Adèle, et lui parlant par dessus la tête de Brigitte.*) Je suis de Marseille. Je me nomme Théodore.

ADÈLE, *sans être vue de Brigitte.*

Ah ! mon Dieu !

THÉODORE.

Je suis ce jeune homme à qui vous fûtes promise pour épouse.

BRIGITTE.

A moi ! Doucement, doucement, point de propos.

THÉODORE.

Vous n'aviez encore que quatre ans.

BRIGITTE.

Peste ! quelle mémoire !

THÉODORE.

Moi, comme un étourdi, je me suis engagé ; j'ai battu toutes les mers, sondé toutes les côtes, brossé tous les parages. Vous m'avez cru mort, enterré, inconstant ? Hé bien, pas du tout ; je vous apprends que je suis vivant, à terre pour une heure, et fidèle pour la vie. Je vous ai vue, je vous ai reconnue, et mon cœur a volé vers vous.

BRIGITTE.

Tara, tara, tata. Quel galimathias ! Me parler d'amour, à moi, vertu de vieille roche ! l'exemple de la Provence !

THÉODORE.

TRIO *de Doche.*

Ô vous que j'aime et que j'adore,
Soyez sensible à mon ardeur.

BRIGITTE.

Monsieur, je vous le dis encore,
Vous insultez à ma pudeur.

ADÈLE, *à la croisée.*

Eh ! quoi, c'est-là mon Théodore !
Quel trouble il jète dans mon cœur !

THÉODORE, *feignant de parler à la vieille.*

A votre tour, daignez m'instruire
Des sentimens de votre cœur.

BRIGITTE.

Non, non. Je n'ai rien à vous dire.

ADÈLE.

Hélas ! le moyen de l'instruire !

BRIGITTE.

Fils de Satan, petit vaurien,
Finissez ce sot entretien.

THÉODORE, *avec affectation.*

O la plus rare des merveilles !

BRIGITTE, *effrayée, se bouche les oreilles.*

Moi ! la plus rare des merveilles !

THÉODORE.

Eh ! quoi, vous bouchez vos oreilles ?

BRIGITTE.

Oui, oui, mes yeux et mes oreilles ;
Je ne vois rien, je n'entends rien.

THÉODORE.

Vous ne voyez, n'entendez rien ?

BRIGITTE, *se bouchant les yeux et les oreilles.*

Non, rien. Non, rien.

THÉODORE.

Le bon moyen !

(A Adèle.)

Parlez sans crainte.

ADÈLE.

Ah ! Théodore !
En quel instant revenez-vous ?
Aujourd'hui même un être que j'abhorre
Prétend devenir mon époux.

THÉODORE.

Non, non. Il ne l'est pas encore.
(A Brigitte, qui a ôté ses doigts de ses oreilles.)
Vous me voyez à vos genoux.

BRIGITTE.

Je ne vois rien. Retirez-vous.

THÉODORE, *à Adèle.*
Daignez apprendre à Théodore
S'il fut toujours aimé de vous?

ADÈLE.
Qui puis-je aimer que Théodore
Lui seul dût être mon époux.

ADÈLE, THÉODORE. ENSEMBLE.	BRIGITTE.
O doux transport ! aimable ivresse !	O ma pudeur ! ô ma sagesse !
Puisqu'aujourd'hui je te revoi,	En ce péril, soutenez-moi.
Malgré le péril qui me presse,	Envain ici l'amour me presse;
Compte à jamais, compte sur moi,	Fils de Satan, retire-toi.

Ah ! bel objet, je vous suivrai partout.

BRIGITTE.
Et moi, je cours m'enfermer sous trente-six clefs.
(*Elle lui ferme la porte sur le nez.*)

SCENE VII.

THÉODORE, AUGUSTE, MAURICE ET LES AUTRES.

THÉODORE.
ALERTE ! mes amis, alerte !

AUGUSTE *accourant.*
Le couvert est-il mis ?

MAURICE.
Serons-nous bien régalés ?

THÉODORE.
Oui, il y a de tout; noce, festin, grande chère, bal,
sérénade, illumination. Ça vous convient-il ?

LES JEUNES GENS.
Infiniment.

THÉODORE.
Je m'en doutais; mais il y a une horrible difficulté.

TOUS.
Laquelle ?

THÉODORE.
Tout cela est préparé pour d'autres que pour vous.

TOUS.
Ah ! diable !

THÉODORE.
Oui, mes amis; la foudre est prête à tomber sur moi !

AUGUSTE.
Quelle plaisanterie !

THÉODORE.
J'ai retrouvé tout-à-l'heure là, à cette croisée, une
jeune personne qui m'est destinée depuis l'enfance : cette
Adèle dont ce matin je parlais à mon oncle, plus belle,
plus fraîche, plus tendre que jamais.

AUGUSTE.

Eh bien ! épouse-là.

THÉODORE.

Le moyen ? Un cuistre de grammairien, vieux, laid
et pédant comme ils sont tous, va arriver à l'instant
même pour signer son contrat de mariage avec elle.

AUGUSTE.

Un grammairien ! A l'école !

THÉODORE.

De quelle manière ?

AUGUSTE.

En courant prévenir ton oncle et réclamer son appui.

THÉODORE.

Et pendant ce temps le futur arrive, il signe, il épouse :
et me voilà veuf.

AUGUSTE.

C'est effrayant.

THÉODORE.

Si seulement pendant une heure on pouvait mettre
mon rival hors d'état de me nuire !...

AUGUSTE.

Tu nous ferais déjeûner ?

THÉODORE.

Huit jours de suite.

AUGUSTE.

En commençant par...

THÉODORE.

A l'instant même.

LES JEUNES GENS.

Messieurs, ceci mérite consultation. — Consultons.

AUGUSTE.

Dérouter des savans, cela ne doit pas être difficile.

THÉODORE.

AIR : *Gai, gai, gai, gai.*

Eh ! non, non, non,
Tout sera bon ;
Trouvons quelque folie
Plus nous serons
Hardis et prompts,
Mieux nous réussirons.

AUGUSTE.

Voici mon moyen.

De cette compagnie,
Pour rompre le projet,
Grisons l'académie
Dans quelque cabaret.

TOUS.

Eh ! non, non, non,
Ce n'est pas bon.

THÉODORE.

Les hommes de génie
Boivent si bien,
Que ton moyen
Aujourd'hui ne vaut rien.

MAURICE.

Doucement, Messieurs.

Même air.

Une épreuve me tente :
Les bains de mer, dit-on,
Sont, pour la gent savante,
Un topique fort bon.

TOUS.

Eh ! non, non, non,
Ce n'est pas bon.

THÉODORE.

La science est pesante :
Leur gros savoir, du premier bond,
Les coulerait à fond.

AUGUSTE.

Même air.

Eh ! bien, faisons merveilles :
Par un grand coup d'estoc,
Enlevons les deux vieilles :
Voilà la noce au croc.

TOUS.

Eh ! non, non, non,
Ce n'est pas bon.

THÉODORE.

Enlever les deux vieilles !
C'est trop tenter, trop hasarder,
Il faudrait les garder.

Ah ! mon Dieu ! que vois-je ? Nous faisons comme les
orateurs ; nous déclamons, et le mal arrive. Voyez-vous
là-bas la carrossée de savans ?

AUGUSTE.

Oui, ma foi ! Ils mettent pied à terre.

THÉODORE.

Et ils sont en robe ! Plaisant équipage de noce ! Ah ! si
je pouvais !....

MAURICE.

Eh bien ! quel parti prendre ?

THÉODORE.

Le ciel m'inspire. — La vieille enfermée dans la mai-

son, les pensionnaires aux champs. — Voilà notre corps-
de-garde. (*En montrant la maison de Mme Dumont.*)

AUGUSTE.

Comment ?

THÉODORE.

Eh ! vite à la manœuvre. — Cette enseigne qui nous a
servi à notre dernier campement, ces fusils, ces mortiers ;
deux sentinelles en avant ; deux derrière ce mur avec le
tambour ; nous à cette porte ; des chansons, de la gaieté,
de l'audace : la victoire est à nous.

(Ils prennent leur enseigne, la posent sur celle de la
maison, placent des armes en trophées devant la
porte, et y attachent un drapeau. Deux d'entre
eux se mettent en sentinelle ; deux autres vont dans
le jardin, dont la grille est ouverte. Théodore et
Maurice jouent aux cartes sur un tambour, devant
la maison.)

AIR : *L'Amour a gagné sa cause.*

Faire un corps-de-garde *impromptu*
D'une maison de demoiselles,
Ce n'est pas blesser la vertu.
Sommes-nous donc moins sages qu'elles ?
Nos goûts sont purs et délicats,
Et l'on nous sait si bonnes âmes,
Que bien des gens ne craindraient pas
De nous prendre pour des femmes.

(Comme il aperçoit M. Dipthongue, il court se mettre en
place.)

Attention.

SCÈNE VIII.

LES MÊMES, M. DIPTHONGUE ET DEUX DE SES AMIS.

M. DIPTHONGUE.

(Il est, ainsi que ses amis, vêtu d'une longue robe rouge
de docteur, avec le bonnet. M. Dipthongue a un bou-
quet à la main, des gants blancs, et laisse voir, par-
dessous sa robe, un costume de vieux élégant.)

AIR : *Cocu, cocu, mon père.*

Marchons d'un pas agile,
Voilà l'aimable asyle
Où Bacchus et l'Amour
Vont nous traiter tour-à-tour.

LES AMIS.

Mon cher monsieur Dipthongue,
La promenade est longue !

3

M. DIPTHONGUE.

Le prix en est si doux!

LES AMIS.

Mais ce n'est pas pour nous.

AUGUSTE, *en sentinelle.*

Qui vive !

M. DIPTHONGUE, *s'arrêtant tout-à-coup.*

C'est singulier! des patrouilles en plein champ !—Eh!
mon Dieu! que signifie cet attirail de guerre?

THÉODORE, *jouant aux cartes.*

A toi.

MAURICE.

A moi.

THÉODORE.

Je prends de l'as.

AUGUSTE.

Qui vive donc?

M. DIPTHONGUE.

C'est nous qui vivons, Monsieur, si nous en sommes
capables.

AUGUSTE.

Parlez au corps-de-garde.

M. DIPTHONGUE.

Au corps-de-garde ?

AUGUSTE.

Sans doute. Est-ce que vous ne savez pas lire? (*Il lui
montre l'enseigne.*)

M. DIPTHONGUE, *lisant.*

En effet : *Corps-de-garde de la Marine.*

THÉODORE, *en jouant.*

Gare le capot.

AUGUSTE.

A qui en voulez-vous? A l'amiral, au général, au ca-
poral?

M. DIPTHONGUE.

Eh! non, Monsieur, j'en veux à une maîtresse de pension dont je viens épouser la première demoiselle.

THÉODORE, *en jetant ses cartes.*

La Dame est prise.

MAURICE.

Hé bien! au diable.

THÉODORE, *se levant.*

Sentinelle, faites donc votre devoir; ne laissez appro-
cher personne.

M. DIPTHONGUE.

Je n'en reviens pas. — Monsieur, sans vous fâcher, pourrais-je vous demander un petit éclaircissement ? — Je crains de m'être trompé de chemin, d'avoir fait une bêtise.

THÉODORE.

C'est possible. — Qui êtes-vous ?

M. DIPTHONGUE.

Professeur de grammaire provençale, homme d'esprit par diplôme, et couronné aujourd'hui pour la cinquième fois.

THÉODORE.

Couronné pour la cinquième fois ! En ce cas, Monsieur, je ne suis plus étonné que vous vous soyez égaré.

M. DIPTHONGUE.

Pourquoi donc ?

THÉODORE.

AIR : *Dans la vigne à Claudin.*

Vous courez les couronnes,
C'est un jeu dangereux :
Tel qui les trouve bonnes,
D'abord se croit heureux ;
Mais gare la tempête,
Car, qui veut, en vrai fou,
En trop charger sa tête,
Doit se casser le cou.

M. DIPTHONGUE.

Moi, Monsieur, je ne me suis rien cassé ; mais, d'après mon itinéraire, il n'est pas moins surnaturel que je trouve un corps-de-garde à la place d'un pensionnat de demoiselles !

THÉODORE.

Bah ! cela n'est pas si différent.

DEUX GARDES-MARINE *derrière le mur, avec le tambour.*

Chantons le vin, chantons l'amour,
Au son du fifre et du tambour.

THÉODORE.

Avez-vous entendu nos pensionnaires ?

M. DIPTHONGUE.

Même air.

Notre méprise est évidente,
Et l'on nous a guidés fort mal.
Ces voix et ces chants sous la tente,
N'ont, ma foi, rien de virginal ;
A moins qu'aujourd'hui l'on ne chante
Au couvent le vin et l'amour,
Au son du fifre et du tambour.

TOUS *reprennent, excepté Théodore.*

Au son du fifre et du tambour.

THÉODORE.

Paix donc, vous autres, laissez-nous renvoyer ces Messieurs avec les égards qu'ils méritent.

M. DIPTHONGUE.

Au moins, Monsieur, daignez me dire si Mme Dumont ne vous est pas connue ?

THÉODORE.

Au contraire, Monsieur, beaucoup. Elle habite cette même plage, mais derrière l'anse que vous v...

M. DIPTHONGUE.

Ah ! ah !

THÉODORE.

Vous n'êtes donc pas venu par le grand chemin ?

M. DIPTHONGUE.

Hélas ! non : par la forêt. Quand on va se marier, on abrége tant qu'on peut.

THÉODORE.

Tant pis.

AIR *de Figaro.*

D'une route détournée,
Pourquoi donc avoir fait choix ?

DIPHTONGUE.

Au temple de l'hymenée,
J'ai cru venir par le bois.

THÉODORE.

Par le bois, à l'hyménée !
Vraiment vous avez eu tort :
C'est par-là que l'on en sort.

M. DIPTHONGUE.

Ah ! c'est une facétie de votre part.

THÉODORE.

Mais nous sommes gens à tout réparer ! Holà ! Maurice, la chaloupe. — Qu'on embarque ces Messieurs, et qu'on les conduise où ils doivent aller.

M. DIPTHONGUE.

Comment nous embarquer ? avec nos robes !

THÉODORE.

On en aura le plus grand soin ; et puis ça ne nous dérangera pas du tout : nous sommes ici pour obliger les braves gens. Vous auriez par terre un trajet immense, au milieu de rochers inaccessibles, au lieu que par eau c'est l'affaire d'une minute.

M. DIPTHONGUE.

C'est que l'eau, Monsieur....

THÉODORE.

La côte est bien plus dangereuse, et je dois vous faire une confidence dont je vous prie de ne pas abuser.

M. DIPTHONGUE.

Monsieur, je suis incapable....

THÉODORE.

La côte est infestée, en ce moment, de mauvais sujets que nous guettons.

AUGUSTE.

De très-mauvais sujets, des vauriens qui n'aiment ni les gens d'esprit...

THÉODORE.

Ni les gens qui se marient. — Enfin, des Turcs.

DIPHTONGUE.

Diantre ! des Turcs !

THÉODORE.

Aux armes ! Quatre hommes de bonne volonté.

QUATRE JEUNES GENS.

Nous voici.

THÉODORE.

AIR : *Vaudeville de la Garde nationale.*

Protégez les arts, le génie,
Sauvez-les de tous accidens ;
Faites marcher de compagnie
Et la valeur et les talens.

DIPHTONGUE.

Ah ! Monsieur, l'important service ;
Combien ici nous vous devons !

THÉODORE.

En vous rendant ce faible office,
C'est nous-mêmes que nous servons.

DIPHTONGUE *et ses amis.*

Quel honneur pour notre génie !
Agréez nos remercîmens.
Leur politesse est infinie :
Pour des marins, ils sont charmans.

LES JEUNES GENS.

Protégeons les arts, le génie, etc.

(Ils les poussent dehors, au son du tambour.)

SCÈNE IX.

THÉODORE, AUGUSTE, MAURICE.

THÉODORE.

Bon ! les voilà partis. — Adieu le corps-de-garde. Que tout revienne à sa place. Vous, jeunes brebis, rentrez au bercail ; et nous, courons après les savans pour achever notre ouvrage, nous emparer de leurs robes, et faire déjeûner mes amis.

(Les jeunes gens remettent les armes et le drapeau comme ils étaient au commencement.)

SCENE X.

ADELE.

(Elle sort de la maison avec précaution.)

THÉODORE ? Théodore ? Eh bien ! il n'y est plus. Je croyais encore entendre sa voix. — Un bruit de tambour a même frappé mon oreille. J'ai tremblé que Brigitte ne l'entendît aussi. Mais, heureusement, elle est tout-là-bas au fond de la maison. — Tandis qu'elle y est encore, je voudrais bien.... — (*Elle fait quelques pas.*) — Je suis seule. C'est égal. Je ne suis, peut-être, pas si malheureuse que ce matin. — Quelle idée ! comme si quelque chose pouvait empêcher !.... Eh ! Eh ! le quelque chose était là.

AIR *de Do che.*

En proie au chagrin qui me tue,
Je pleurais encor ce matin ;
Théodore arrive, à sa vue
Je crois voir changer mon destin.
Sous mes fenêtres il déclame,
Il me peint l'ardeur qui l'enflamme ;
Il a tort : mais je voudrais bien
Qu'il ne m'eût pas parlé pour rien.

Déjà d'une duègne austère,
Son adresse est venue à bout.
Il tombe à ses pieds pour me plaire ;
Je le crois capable de tout,
Pour rompre le nœud qui me lie,
Il va tenter mainte folie ;
Il a tort : mais je voudrais bien
Qu'il ne fît pas tout ça pour rien.

Ah ! grand Dieu ! voilà mes espérances renversées ! — J'aperçois ce maudit grammairien et son fatal cortége. Sauvons-nous.

SCENE XI.

ADELE, THÉODORE, AUGUSTE, MAURICE, ETC.

(Théodore, Auguste et Maurice, reparaissent sous les robes des professeurs. Les quatre autres sont en musiciens avec divers instrumens et de gros bouquets.

THÉODORE, *contrefaisant sa voix.*

MADEMOISELLE, voulez-vous bien permettre...

ADELE, *sans le regarder.*

Bonjour, Monsieur.

(23)

THÉODORE.

Eh quoi ! belle enfant, ne daignerez-vous pas hono-
rer d'un regard celui. . . . . .

ADELE.

Eh ! Monsieur, ne vous ai-je pas dit assez positive-
ment. . . . .

THÉODORE.

Que vous n'aimiez que Théodore ?

ADELE.

Ciel ! c'est vous ?

THÉODORE.

Paix ! — Comment nous trouvez-vous ?

ADELE.

Imprudent !

THÉODORE.

Tout est prévu. M. Diphtongue, ses amis, les musiciens qui l'escortaient, enfin la grammaire, tous ses par-
ticipes et le futur sont dans la chaloupe, sous bonne
garde ; et, pour peu que le Ciel nous aide, nous sommes
maîtres du terrain pour toute la journée.

ADELE.

Mais, que prétendez-vous ?

THÉODORE.

Ne faut-il pas que je vous épouse ?

ADELE.

Eh ! mon Dieu, oui. — Mais, sous ce costume bi-
zarre ?

THÉODORE.

Ne faut-il pas que je régale mes amis ?

ADELE.

C'est bien juste.—Mais si l'on vient à vous découvrir !

THÉODORE.

AIR.

Eh ! morbleu ! qu'avons-nous à craindre ?
Ne sommes-nous pas gens de cœur ?
Et nous vit-on jamais enfreindre
Les lois que nous dicta l'honneur ?
Malgré de dangereux modèles,
Ne sommes-nous pas, jusqu'au bout,
A notre Roi restés fidèles ?
Avec ça l'on passe partout.

ADELE.

Ah ! mon Dieu, Théodore, vous me faites une peur...
et un plaisir. Eh ! justement, voici Madame Dumont et
toutes mes compagnes. Que lui direz-vous ?

THÉODORE, *en se frappant le front.*

Tout est là. — Allons, mes amis, point de maladresse. Vivent la joie et une valse !

(*Ceux des jeunes gens qui ont des instrumens, se mettent à jouer une valse bien connue.*)

SCENE XII.

LES MÊMES, LES JEUNES FILLES, MADAME DUMONT.

VIRGINIE, *du fond du théâtre, à ses compagnes,*

EH ! vîte, vîte. La musique, les violons sont là ; accourez, accourez.

(*Les jeunes filles, à mesure qu'elles arrivent, se mettent à valser.*)

Mᵐᵉ. DUMONT, *de loin.*

Eh bien ! Mesdemoiselles, que faites-vous donc ? — Est-ce ainsi que vous gardez votre maintien, que vous observez la décence prescrite dans ma maison ?

(*La musique cesse, et les jeunes filles s'arrêtent.*)

ADELE.

Madame, c'est que ces Messieurs. . . . .

Mᵐᵉ. DUMONT.

Ah !

THÉODORE, *avec un ton pédant.*

Oui, Madame, notre ami M. Diphtongue s'étant trouvé, ce matin, un peu plus retenu qu'il ne le pensait, par son nouveau triomphe, nous a invités à le précéder, et à vous offrir d'avance, ainsi qu'à Mademoiselle, ses hommages respectueux.

Mᵐᵉ. DUMONT.

Messieurs, soyez les bien venus. — (*A part.*) Voilà des professeurs qui me paraissent bien jeunes. — Vous, Mesdemoiselles, rentrez.

THÉODORE.

Pourquoi donc, Madame ?

AIR *de Thorigni.*

Restez, restez, troupe jolie ;
Si notre robe vous déplait,
Croyez qu'on n'est pas, dans la vie,
Aussi savant qu'on le paraît.
Si notre gravité vous blesse,
Amusez-vous, riez-en bien ;
Vous verrez que notre sagesse,
Près des Grâces, ne tient à rien.

Mᵐᵉ. DUMONT.

Les grâces ! Baissez les yeux, Mesdemoiselles, re-

merciez et rentrez. Vous, Adèle, avertissez ma sœur
de hâter les préparatifs nécessaires, pour recevoir la
compagnie.

(Les jeunes filles rentrent.)

SCENE XIII.

THÉODORE, AUGUSTE, Madame DUMONT, LES
AUTRES JEUNES GENS.

THÉODORE.

Si nous pouvions être de quelque utilité à ces demoiselles dans la maison.

AUGUSTE.

A la cave.

MAURICE.

Dans la salle à manger.

Mme. DUMONT.

Eh ! messieurs, de pareils soins sont indignes de vous.

THÉODORE.

Pourquoi donc ?

AIR *du pas redoublé.*

Nous ne sommes pas fiers du tout ;
Faites ouvrir la porte,
Et vous nous verrez, jusqu'au bout,
Agir de belle sorte.

AUGUSTE.
Nous saurons vous débarrasser
D'un pénible service.

THÉODORE.
Nous sommes gens à ne laisser
Rien à faire à l'office.

Mme. DUMONT.

Ah ! messieurs ! — Permettez, en attendant que tout
soit prêt, et que M. Diphtongue arrive. . . . . .

THÉODORE.

Oh ! il vous supplie de ne pas vous gêner.

AUGUSTE.

Même de déjeûner sans lui.

Mme DUMONT.

Il ne peut tarder. Souffrez, Messieurs, qu'en l'attendant, j'aie le plaisir de m'entretenir avec vous.

THÉODORE.

Diantre !

Mme DUMONT.

De m'instruire, de m'éclairer de vos lumières.

THÉODORE, *à part.*

Ce n'est pas là mon compte.

AUGUSTE et MAURICE.

Ni le mien.

Mme DUMONT, *à Maurice.*

Monsieur est sans doute attaché à quelqu'un des lycées de notre province ?

THÉODORE, *bas, à Maurice.*

Prends garde à toi.

MAURICE.

Oui, Madame, je suis quelquefois amarré ; je veux dire comme vous dites, attaché aux lycées, au cabestan, au grand mât de la science.

Mme DUMONT, *à part.*

Quel langage ! (*Haut.*) Ah ! j'entends, Monsieur s'est adonné aux hautes spéculations ?

MAURICE.

Oui, Madame, à ce qu'il y a de plus haut. Dans mon métier il faut voir de loin.

Mme DUMONT, *à Auguste.*

Et Monsieur ?

AUGUSTE.

Moi, Madame, je ne m'élève pas autant ; mais je vais, je viens, je crie d'un côté, je tape de l'autre....

Mme DUMONT.

Ah ! Monsieur est apparemment chargé d'une inspection classique ?

AUGUSTE.

Classique ! Oui, Madame ; c'est le mot.

AIR : *Un homme pour faire un tableau.*

J'inspecte et surveille avec fruit
Certaine jeunesse un peu folle.
Ronde de jour, ronde de nuit,
Je ne néglige aucune école.
Vraiment, en fait d'inspection,
Au plus zélé je fais la barbe,
Au perroquet, à l'artimon,
Souvent même à la Sainte Barbe.

Mme DUMONT.

A la Sainte Barbe !

THÉODORE.

Oui, Madame, un petit collége à l'instar de celui de Paris. (*A Auguste.*) Imbécille !

Mme DUMONT, *à part.*

Ceci m'est suspect. (*Haut.*) Eh ! dites-moi, Messieurs ?

MAURICE, *à part.*

Peste soit de la questionneuse !

AUGUSTE, *à Théodore.*

Le déjeûner, ou je décampe.

THÉODORE.

Tais-toi donc. — Madame, nous avons fait une longue course : ne pourriez-vous nous permettre d'aller nous reposer ?

Mᵐᵉ DUMONT.

Rien de plus juste, Messieurs. — Veuillez entrer dans ce jardin. (*A part.*) D'où vous ne sortirez qu'à bon escient.

(*Elle leur ouvre la grille qui conduit au jardin.*)

THÉODORE.

Mais il me semble, Madame, que ces demoiselles sont entrées par cette porte ?

Mᵐᶜ DUMONT.

Oui ; mais c'est là que la fête est préparée pour vous.

THÉODORE.

La fête !

AUGUSTE.

Enfin nous allons déjeûner !

(*On entend sonner une cloche dans la maison.*)

THÉODORE.

Quelle est cette cloche ?

Mᵐᵉ DUMONT.

C'est le premier appel pour le dîner.

THÉODORE.

AIR : *Tiens, voilà ma pipe.*

O cloche adorable !
O signal charmant !
Quand c'est pour la table
L'heureux instrument !
Oui, ces sons prospères
Sont harmonieux ;
Mais le bruit des verres
Vaut encor bien mieux,

CHŒUR *en entrant.*
Oui, ces sons prospères etc.

(*La cloche sonne pendant la reprise du chœur.*)

SCÈNE XIV.

Mᵐᵉ DUMONT, *après que les jeunes gens sont entrés dans le jardin.*

IL n'y a pas le moindre doute : ce sont là des gens suspects, et je me garderai bien, avant l'arrivée de M. Dipthongue et les renseignemens les plus positifs, d'admettre de pareils personnages devant mes pensionnaires.

AIR du Ménage de garçon.

Dieu merci, mon expérience
A su me seconder à temps;
Dans ce jardin, un mur immense
Me répond de ces intrigans.
Ah ! que n'est-il aussi facile,
Par un moyen encor plus sûr,
De mettre ainsi, dans chaque ville,
Tous les méchans au pied du mur.

Courons prévenir ma sœur de cet événement.

SCENE XV.

Madame DUMONT, LES JEUNES FILLES.

LES JEUNES FILLES.

(Elles accourent en poussant un grand cri.)

CHŒUR.

AIR : *Verse encor, encor.*

Ah ! grand Dieu ! fuyons, fuyons, fuyons,
Fuyons ces noirs démons.
Dans quel danger nous sommes !
Ah ! grand Dieu ! fuyons, fuyons, fuyons ;
Quel danger nous courons
Avec tous ces démons !

Mme. DUMONT.
Mais pourquoi ce train?

VIRGINIE.
C'est une foule immense
D'hommes qui, soudain,
A franchi le jardin ;
Et ce qui chez vous
Blesse bien la décence,
C'est qu'ils se sont tous
Mis à table sans nous.

CHŒUR.
Ah ! grand Dieu ! fuyons, etc.

SCENE XVI.

Les mêmes, BRIGITTE, *accourant.*

BRIGITTE.

Ah ! ma sœur, ma sœur !

AIR de la Rosière.

Accourez bien vite,
Une gent maudite,

Que la rage excite,
Se répand chez nous.

A cette tempête,
D'abord j'ai fait tête;
Mais rien ne l'arrête :
Ce sont de vrais loups.

L'un, plein d'audace,
Au buffet passe,
Et fait main basse
Sur nos plus beaux fruits;

L'autre, à la cave,
Sans nulle entrave,
Boit et nous brave,
Assis sur nos muids.

C'est un brigandage,
Un affreux ravage,
Un sac, un pillage;
On dirait enfin

Que l'enfer complice
A, dans sa malice,
Vomi sur l'office
La soif et la faim.

Mme DUMONT.

Ah! mon Dieu] ma sœur, qu'opposer à ces effrontés.

BRIGITTE.

Nos deux valets sont à leurs trousses; ils les contien‑
nent encore, mais....

SCENE XVII.

LES MÊMES, SAINT-TRON, JACQUES.

SAINT-TRON, *en-dehors.*

Par ici! Jacques, par ici!

Mme DUMONT, *courant au-devant de lui.*

Ah! Monsieur, c'est le ciel qui vous envoie! — Mais,
que vois-je? c'est M. de Saint-Tron.

SAINT-TRON.

C'est madame Dumont, notre ancienne amie. Et par
quel hasard?

Mme DUMONT.

Voilà ma maison de campagne, où je suis venue faire la
noce d'une de mes pensionnaires, et vous y arrivez bien
à propos, Monsieur, pour me rendre un grand service.

SAINT-TRON.

Caspi, Madame; c'est une chose facile pour ses amis.
De quoi s'agit-il?

Mme DUMONT.

Des gens suspects se sont introduits dans ma maison.

BRIGITTE et LES JEUNES FILLES.

Des voleurs, des filoux, de vilaines robes, des bon‑
nets carrés.

SAINT-TRON.

Eh ! doucement : ne manœuvrez pas toutes ensemble,
où je ne sais plus d'où vient le vent.

Mme DUMONT.

Monsieur, des professeurs en robe, qui m'étaient
adressés par le futur, m'ont inspiré quelques soupçons :
j'ai cru, par prudence, devoir les faire entrer dans cet
enclos ; ils en ont franchi le mûr, et se sont précipités
dans ma maison. Tout me porte à croire que ce sont des
fripons.

SAINT-TRON.

Il n'y a pas de doute ; mais soyez tranquille, Madame.
J'ai ici des gaillards qui vont vous les remorquer de la
bonne manière. — Holà ! petits ? Hé bien ! où sont-ils
donc ? Jacques, fais avancer mes petits.

JACQUES.

Oui, Commandant.

SAINT-TRON.

Dis-leur qu'il y a un coup de main. — Vous allez voir,
Madame, un abordage à la Saint-Tron, une expédition
de main de maître.

ADÈLE, *à part.*

Pauvre Théodore, tout va se découvrir.

SAINT-TRON, *après avoir un moment regardé les jeunes
filles.*

Mais, dites-moi donc, chère amie, ne serait-ce pas
ici une intrigue d'amour, et parmi ces jolies figures n'y
aurait-il pas quelque petite complice ?

Mme DUMONT.

Dans une maison comme la mienne ?

SAINT-TRON.

Eh ! eh ! Madame, l'amour est un voilier qui aborde
partout : il n'y a pas de roche qui l'épouvante.

BRIGITTE.

Assurément, rien ne l'épouvante.

SAINT-TRON.

Hein ?

BRIGITTE, *d'un ton de confidence.*

Apprenez que ce matin un jeune homme, à mes genoux, a osé me déclarer un amour qu'il me garde depuis
dix ans.

SAINT-TRON.

A vous ? Impossible.

BRIGITTE.

Monsieur, je vous proteste....

SAINT-TRON.

Au large la tartanne, et vous, gentilles corvettes, en ligne, s'il vous plaît. — Permettez, chère amie, que je fasse une petite reconnaissance qui nous instruira de tout.

ADÈLE, *à part.*

Quel est son dessein ?

SAINT-TRON.

AIR : *Quand l'Amour naquit à Cythère.*

Devant moi que l'on se présente,
Du fait je serai bien plus sûr.

UNE JEUNE FILLE *passe devant lui en faisant la révérence.*
Monsieur, je suis votre servante.

SAINT-TRON.
Filez, filez, pas assez mûr.

UNE DEUXIÈME, *de même.*
Salut, Monsieur.

SAINT-TRON.
Belle espérance.

UNE TROISIÈME.
Salut, Monsieur.

SAINT-TRON.
Couci, couci.

UNE QUATRIÈME.
Salut, Monsieur.

SAINT-TRON.
Ouais, ça commence.

BRIGITTE, *s'avançant de même.*
Salut, Monsieur.

SAINT-TRON, *lui tournant le dos.*
Plus que fini.

(*A Adèle.*) Et vous, belle enfant, qui vous tenez éloignée...

Mme DUMONT.

Répondez, ma fille.

ADÈLE.

Seize ans, Monsieur.

SAINT-TRON.

C'est cela même. Un mot, je vous prie. (*A Mme Dumont.*) Madame, je crois que nous tenons le bon cap.

Mme DUMONT.

Dieu le veuille.

SAINT-TRON.

Forçons de rames.

ADÈLE, *à part.*

Et nous d'adresse.

SAINT-TRON.

Trio de Doche.

La vérité, la bonne foi,
De tout marin sont la devise.
Toujours il parle avec franchise :
    Imitez-moi,
    Imitez-moi.

ADÈLE.

Fille à seize ans se fait la loi
De ne parler qu'avec franchise,
La vérité c'est sa devise :
    Comptez sur moi. (*bis.*)

Mme. DUMONT.

Chez moi l'on parle avec franchise :
    Telle est ma loi,
    Telle est ma loi.

SAINT-TRON.

Eh ! bien, voyons, prenez courage.

Mme. DUMONT.

Parlez, ma fille, à cœur ouvert.

SAINT-TRON.

Dans ce pays, sur cette plage,
Ne connaissez-vous que la mer ?

ADÈLE, *sur le ton dont on récite une leçon.*

La mer est une vaste enceinte,
Dans ses bornes toujours restreinte :
C'est l'amas de toutes les eaux.
Leur mouvement forme les flots,
Et c'est par le poids de la lune...

SAINT-TRON, *l'interrompant.*

Votre science est peu commune,
Oui, j'en conviens ; oui, c'est un fait ;
Mais laissons la mer, s'il vous plaît,
Moi, je vous parle de la terre :
Quelqu'un aurait-il su vous plaire ?

Mme. DUMONT, *à Saint-Tron.*

Sa science n'est pas commune,
Vous voyez qu'elle est bien au fait.
    (*A Adèle.*)
Monsieur vous parle de la terre.

ADÈLE, *de même.*

La terre est un globe arrondi,
Vers ses deux-pôles applati,
Qu'on divise en quatre parties :
L'est, l'ouest, le nord, le midi.

Mme. DUMONT.

Et souvent ces quatre parties...

SAINT-TRON.

Peste soit de vos reparties.
Eh ! non, morbleu, parlez plus clair,
Laissez là vos contes en l'air.
Votre cœur, en tout ce mystère..

ADÈLE.

L'air est, dit-on, un élément.

Mme. DUMONT, *à Adèle*.

Très-bien, l'air est un élément.

SAINT-TRON.

Je vous parle de votre amant.

ADÈLE.

C'est cette substance légère
Dont se compose l'atmosphère...

SAINT-TRON.

Ah ! tron de l'air, je suis un sot.

Mme. DUMONT, *à Saint-Tron*.

Mais c'est la chose mot pour mot.

ADÈLE.

Monsieur, pourquoi cette colère?
Ne vous ai-je pas, mot à mot,
Redit ma leçon toute entière ?

SAINT-TRON.

Oui, oui, c'est moi qui suis un sot.

ADÈLE.

Faut-il vous la redire encore ?

SAINT-TRON.   ENSEMBLE.   Mme. DUMONT.

Non, non, parbleu, plus d'entretien   Pourtant elle répond fort bien:
Près d'un tendron qui sait si bien   C'est le système neutonien
Cacher ce qu'il veut qu'on ignore.   Dont la France aujourd'hui
                                            s'honore;
Le plus fin n'est qu'un pécore :   Se peut-il qu'un marin l'ignore:
    Il ne sait rien,   Il ne sait rien,
    Il ne sait rien.   Il ne sait rien.

ADÈLE.

Bon ! j'ai sauvé mon Théodore,
    Il ne sait rien.

SAINT-TRON.

Mais c'est égal ; amoureux ou fripons, je me charge de
vos intrus. Quand un vaisseau ne veut pas amener de bon
gré, je le fais sauter de force. Laissez venir mes petits.

Mme. DUMONT.

Mais, Monsieur, si ces gens sont armés ?

SAINT-TRON.

Quand ils auraient un arsenal, autant de coulé ; je leur
lâche des tonnères. Quoi ! la fine fleur de la bravoure
française. Tenez, les voici.

SCENE XVIII.

LES MÊMES, M. DIPTHONGUE, SES AMIS.

(M. Dipthongue et ses amis sont sans robes et avec des bouquets à leurs côtés et des gants blancs.)

JACQUES.

MA foi, mon Commandant, voilà tout ce que j'ai trouvé.

SAINT-TRON.

Venez, petiots, et montrez....

M. DIPTHONGUE.

Qu'appelez-vous, petiots? N'est-on pas las de nous promener?

SAINT-TRON.

Quelle est cette sotte figure?

Mme DUMONT.

Eh! c'est M. Dipthongue!

SAINT-TRON.

Di fe ton gue?

M. DIPTHONGUE.

Quoi! Mme Dumont est ici? Eh! mon Dieu! chère Dame, que venez-vous faire au corps-de-garde?

Mme DUMONT.

Au corps-de-garde?

M. DIPTHONGUE.

Est-ce que les Turcs vous auraient rencontrée?

Mme DUMONT.

Vous-même êtes-vous fou? Je suis à la porte de ma maison. — Ne voyez-vous pas mon écriteau?

M. DIPTHONGUE, *dans le plus grand étonnement.*

Oh! par exemple, celui-là est fort.

AIR *de l'Opéra comique.*

J'ai vu, depuis un certain temps,
Mainte prompte métamorphose;
J'ai vu des nains devenir grands,
Des grands devenir peu de chose;
Mais, hélas! quel sort nous attend,
Pauvres gens d'esprit que nous sommes!
Si les maisons, en un instant,
Changent comme les hommes.

SAINT-TRON.

Au diable les phrases : expliquez-nous ce qui vous est arrivé?

DIPHTONGUE.

Parbleu! ce n'est que trop clair. Tout-à-l'heure, il y avait ici un corps-de-garde avec des fusils, des mortiers et autres objets d'art, puis de jeunes soldats qui se préparaient, en jouant au piquet, à faire la guerre aux Turcs.

SAINT-TRON.

De jeunes soldats !

DIPHTONGUE.

Ils nous ont d'abord reçus un peu cavalièrement; mais quand ils ont su que je venais me marier, et que ces messieurs m'accompagnaient pour le festin, ils ont bientôt été d'une politesse sans égale, et nous ont dit que nous nous étions trompés de chemin.

SAINT-TRON.

Bagasse ! je devine le coup.

DIPHTONGUE.

AIR : *Vaudeville de l'Avare.*

Pour nous remettre sur la route,
Tout le corps-de-garde nous suit;
Et pour mieux nous servir, sans doute,
A la chaloupe il nous conduit.
Là, pêle-mêle on nous englobe.

SAINT-TRON.

Mais quand ainsi l'on vous surprit,
Vous aviez donc perdu l'esprit?

DIPHTONGUE.

On nous avait pris notre robe.

SAINT-TRON.

Allons, allons, je sais ce que c'est.

Mme. DUMONT.

Comment, Monsieur, vous connaîtriez les auteurs de ce tour infâme ?

SAINT-TRON.

Oui, Madame : mais ce n'est rien.

M^e. DUMONT.

Comment rien ?

SAINT-TRON.

Rien, vous dis-je. Ce sont de petits drôles qui ont voulu se donner la peine de dîner pour ces Messieurs. (*A part.*) Ah ! Ah ! mes fripons, je vous apprendrai à n'être pas à votre poste. — Toi, Jacques. (*Il lui parle à l'oreille.*)

JACQUES.

Oui, Commandant.

SAINT-TRON.

Je veux qu'ils croyent que la frégate est attaquée, et nous verrons.

Mᵐᵉ. DUMONT.

Cependant, Monsieur.....

SAINT-TRON.

Tron de l'air. Laissez-moi faire, et ne témoignez aucune inquiétude. Retiré à quelques pas d'ici, je ne perds rien de vue et vous allez voir beau jeu. — Vous, Messieurs, suivez-moi.

DIPHTONGUE.

Mais, monsieur, ces effrontés nous doivent une réparation éclatante.

SAINT-TRON.

Vous l'aurez.

AIR : *Fille à qui l'on dit un secret.*

A leur place on va vous mener,
Sur mon bord, chercher la victoire.
Ils vont manger votre diner,
Mais vous leur ravirez leur gloire.
Si tantôt le combat a lieu,
En avant soudain je vous jète,
Vous recevrez le premier feu :
Il faut que justice soit faite.

DIPHTONGUE.

Peste soit de la justice ! (*Saint-Tron l'entraîne.*)

SCÈNE XIX.

MADAME DUMONT, BRIGITTE, LES JEUNES FILLES.

Mᵐᵉ. DUMONT.

ALLONS, suivons les ordres de cet honnête homme. Ne témoignons aucune inquiétude, quoique je tremble de tout mon cœur.

(*Premier coup de canon.*)

Qu'entends-je ?

(*Le canon continue.*)

THÉODORE, AUGUSTE, MAURICE, *sortant de la maison avec des verres, une bouteille, des serviettes à la main.*

Quel est ce bruit ?

LES AUTRES JEUNES GENS, *sur le mur et à la croisée.*

Quel est ce tapage ?

THÉODORE.

C'est le canon.

Mᵐᵉ. DUMONT.

Ciel ! entre deux feux ! Sauvons-nous, mesdemoiselles.

THÉODORE.

Oui, le canon ! Un français ne peut s'y méprendre,
— Mes amis, ceci mérite attention.

(*Ils montent tous sur les rochers, les arbres.*)

MAURICE.

AIR *du Jeune Henri.*

Allons, grimpons, voyons, morbleu !
D'où vient cette réjouissance.

THÉODORE, *sur la pointe d'un rocher.*
Ceci vraiment n'est pas un jeu,
C'est la frégate qui fait feu.

TOUS.
Allons, partons. Adieu l'amour,
Adieu, science,
Adieu, bombance.
(*Ils quittent tous leurs habits.*)
A la gloire donnons ce jour,
Demain l'amour
Aura son tour.

AUGUSTE, *accourant du rivage.*
Ah ! mes amis, tout est perdu.

TOUS.
Comment ?

THÉODORE.
On a vaincu sans nous ?

AUGUSTE.
Plus de moyen de rejoindre la frégate. La chaloupe,
qui pouvait nous y conduire, a disparu.

TOUS, *dans le plus grand désespoir.*
Ciel ! quelle honte !

THÉODORE.
On se bat, et je n'y suis pas !

AUGUSTE.
De rage, je boirais la mer.

THÉODORE.
Eh ! messieurs, ne connaissez-vous d'autre moyen ?

AIR : *Aussitôt que la lumière.*

Morbleu ! puisque la chaloupe
Trompe en ce moment nos vœux,
Messieurs, l'honneur de la troupe
Exige un saut périlleux.
Amis, qui m'aime me suive.
(*Il court sur le rocher le plus avancé dans la mer ; tous ses cama-
rades le suivent ; il achève le couplet.*)
Du marin, suivons la loi :
Un Français toujours arrive
En criant : VIVE LE ROI.

(*Théodore se jette à la mer, et ses camarades l'imitent,
en criant :* VIVE LE ROI !

BRIGITTE, *sur la porte.*
Oh ! les petits scélérats, ça ne craint ni feu, ni eau,
ni vin.

SCENE XX.

BRIGITTE, Madame DUMONT, SAINT-TRON.

SAINT-TRON, *avec enthousiasme.*

C'est charmant, c'est charmant !

Mme. DUMONT.

Comment, monsieur, vous n'êtes pas effrayé d'une pareille équipée ?

SAINT-TRON.

Delicieux, madame, impayable. Les braves gens ! les braves gens !

Mme. DUMONT.

Des effrontés qui se sont introduits furtivement chez moi !

SAINT-TRON.

Oui, mais comme ils en sortent !

BRIGITTE.

Qui ont enfoncé nos tonneaux !

SAINT-TRON.

C'est l'espoir de la France !

Mme. DUMONT.

Bu toutes nos liqueurs !

SAINT-TRON.

C'est l'honneur de la marine.

Mme. DUMONT.

AIR : *Que d'établissemens nouveaux.*

Sans nul respect, vos jeunes foux
Ont dévasté mon réfectoire.

BRIGITTE.

C'est un jour de diète pour nous.

SAINT-TRON.

Pour eux, c'est un siècle de gloire.

Mme. DUMONT.

Mais répandre partout l'effroi.

SAINT-TRON.

Je n'aurais pas plus de courage.

BRIGITTE.

M'oser parler d'amour, à moi !

SAINT-TRON.

César n'eût pas fait davantage.

Mme. DUMONT.

Mais, monsieur, considérez. . . . . .

SAINT-TRON.

AIR.

Ce ne sont pas là des rêves,
Vous les avez vu sauter.

Ces lurons sont mes élèves ;
Ont-ils bien su profiter ?
Vous pourrez vanter, sans blâme,
Votre école et vos moyens,
Quand vos élèves, Madame,
Sauteront comme les miens.

Mme DUMONT.

En vérité, Monsieur, vous extravaguez.

SAINT-TRON.

Ah ! Madame, je ne voudrais pas, pour la prise de dix
gaillons, n'avoir pas vu ce que je viens de voir.

Mme DUMONT.

Cependant vous nous aviez promis que ces indiscrets
seraient punis.

SAINT-TRON.

Ils le seront. Ce sont de trop braves gens pour ne pas
l'être. Il ne faut pas gâter ça ; mais, sarpebleu ! ce ne
sera qu'après les avoir tous embrassés.

JACQUES, *en-dehors.*

Ohé ! ohé ! ohé !

SAINT-TRON.

Qu'entends-je ?

SCENE XXI.

LES MÊMES, JACQUES.

JACQUES, *en entrant.*

Ohé ! ohé ! ohé !

SAINT-TRON.

Qu'est-ce donc ?

Mlle DUMONT.

Encore quelque aventure. Sauvons-nous.

(Elle rentre avec Brigitte.)

SCENE XXII.

SAINT-TRON, JACQUES.

SAINT-TRON.

Qu'est-ce donc, Jacques ?

JACQUES.

Hélas ! mon Commandant. (*A part.*) Saurais-je bien
mentir ?

SAINT-TRON.

Parle donc.

JACQUES.

Hé bien ! Monsieur, vous avez vu vos gardes marine
se jeter à l'eau ? Ils ont voulu gagner la frégate à la nage ;

mais un peu trop de zèle, la mer trop profonde, peut-
être bien les poches trop pleines, et puis....

SAINT-TRON.

Et quoi ?

JACQUES.

Dame, mon Commandant, une noce, un festin !....

AIR : *Et voilà, et voilà.*

Ces jeunes gens sont bien appris :
Par une politesse extrême,
Comme les vins étaient exquis,
Sans doute qu'ils en auront pris
Comme j'en aurais pris moi-même ;
Mais sur la mer, ce doux fardeau,
Fait que pour eux, Monsieur, je tremble :
Vous le savez, le vin et l'eau
Ça va mal (*bis.*), ça va mal ensemble.

SAINT-TRON *le prenant à la gorge.*

Coquin, tu n'as pas couru à leur secours ?

JACQUES.

A force de rames, Monsieur ; mais le courant les a
entraînés vers la pointe de cette anse, où je crains bien
qu'il ne leur arrive malheur.

SAINT-TRON.

Sarpebleu ! vîte, au secours de mes braves ! Qu'on ra-
masse tout ce qu'on trouvera ! Bagasse ! tron de l'air !

(*Il sort dans le plus grand trouble.*)

SCENE XXIII.

JACQUES *le regardant sortir.*

OUI, oui, galoppe à leur secours. — Les petits malins
sont à l'abri d'un autre côté. Je les ai repêchés à temps ;
je leur ai tout conté, et grâce à leurs habits neufs qu'ils
ont trouvés dans ma chaloupe, ils s'y rajustent, et.... ma
foi les voilà !

THÉODORE, *paraissant derrière un rocher.*
Bravo, Jacques.

JACQUES.
J'ai fait ce que vous m'avez dit : à vous le reste.

THÉODORE, *appelant ses amis, qui arrivent l'un après*
l'autre. Chacun d'eux a l'air d'achever de mettre son
habit, d'essuyer ses cheveux, etc.

Mes amis, mes amis !

SCENE XXIV.

THÉODORE, AUGUSTE, MAURICE et les autres.

LES JEUNES GENS.

Nous voici, nous voici.

THÉODORE.

La place est libre. Grâce à nos habits neufs, nous pourrons prendre une bonne revanche.

AUGUSTE.

Laquelle?

THÉODORE.

Mon oncle nous a joué d'un tour, avec ses canons; il faut le lui rendre avec nos pipes; fumée pour fumée. — En place comme ce matin.

(Ils se remettent tous sur les rochers, fument et reprennent le refrain de leurs premiers couplets. Au même moment la vieille Brigitte paraît à la croisée; Mme Dumont sur la porte de la maison; Adèle à la grille du jardin; et toutes les jeunes filles, en-dedans, ne laissent voir que leurs têtes au-dessus du mur.)

CHACUNE D'ELLES DIT :

Les voilà, les voilà!

ADÈLE.

Quel bonheur!

LES JEUNES GENS.

Eh! vogue la galère!
V'là comme sort d'affaire
Le vrai marin.

SCENE XXV et dernière.

Les mêmes, SAINT-TRON, M. DIPTHONGUE, etc.

SAINT-TRON, *en-dehors.*

Allons donc, avancez. — Où diable ces malheureux se sont-ils nichés?

THÉODORE.

Nous voici, Commandant.

SAINT-TRON, *étonné,*

Comment?

THÉODORE.

Nous n'avons pas bougé.

SAINT-TRON, *le prenant par le bras.*

Vous n'avez pas bougé? Ah! pendards!

THÉODORE.

Quand j'étais garde-marine,
Il fallait voir les bon tours...

SAINT-TRON, *à Théodora.*

Paix. — Et cet honnête homme qui venait se marier,
et que vous avez conduit dans une chaloupe....

AUGUSTE, *s'avançant de l'autre côté.*

Et nous, garnemens infâmes,
Sur le pont, avec les dames,
Nous dansons toute la nuit.

SAINT-TRON, *à Auguste.*

Silence ! Et cette maison dont vous avez enfoncé les
portes et les tonneaux ?

THÉODORE.

Nous, chantant notre victoire,
Cramponés au réfectoire,
Nous pompons le vin de Dieu.

SAINT-TRON.

Ah ! serpens que vous êtes ! (*A part.*) Ils ont réponse
à tout, et en savent plus que moi...

THÉODORE.

Et l'ennemi, mon oncle, a-t-il reparu ?

SAINT-TRON.

Oui, mes drôles ; il a reparu ; il est vaincu, et il par-
donne.

TOUS LES JEUNES MARINS.

Ah ! Commandant !

THÉODORE.

Ah ! mon oncle !

ADÈLE, *accourant.*

Quoi ! Monsieur, vous êtes son oncle ? Ah ! si je l'avais
su, je vous aurais dit ce matin bien autre chose que ma
leçon.

SAINT-TRON.

Quoi donc ?

ADÈLE.

Que j'étais Adèle, et que voilà Théodore.

SAINT-TRON.

En vérité ?

THÉODORE.

Oui, mon oncle ; et vous savez ce que vous m'avez
promis.

Mme DUMONT.

Doucement, Monsieur, j'ai engagé la main de Mademoiselle.

SAINT-TRON.

Et moi je la donne, madame, avec vingt mille écus de dot.

Mme. DUMONT.

Ma foi, M. Diphtongue, ceci change tout-à-fait les choses.

DIPHTONGUE.

J'avoue, madame, que vingt mille écus sont une particule qu'on ne trouve pas dans la syntaxe.

SAINT-TRON.

Eh bien ! brave homme, faites comme moi ; pardonnez à la jeunesse, et convenez qu'il est deux enragés au monde dont on ne vient jamais à bout.

THÉODORE.

C'est l'amour.

LES JEUNES GENS.

Et la faim.

CHŒUR.

AIR *de Doche.*

Allons, gai, fifres et tambours,
Célébrez ma douce victoire.
Tous les jours vous chantez la gloire,
Aujourd'hui chantez les amours.

SAINT-TRON.

Jacques, prends le porte-voix, et fais signe à la frégate d'appareiller.

JACQUES, *monté sur une roche.*

Haut de la frégate. — Appareil.

AUGUSTE.

La vie est un autre océan
Où l'on navigue à l'aventure ;
Mille écueils, une route obscure,
Sans cesse arrêtent notre élan.
Au désir livre-t-on la voile,
Dieu sait où sa voix nous conduit ;
Heureusement, dans cette nuit,
La femme est notre-étoile.

SAINT-TRON.

Toutes les flammes en avant.

JACQUES.

Les flammes en avant.

CHŒUR.

Allons, gai, fifres, etc.

Mme. DUMONT.

Ah ! combien l'art des nautoniers
A fait de progrès dans le monde !
Plus que jamais l'Europe abonde
En *louvoyeurs*, en fins voiliers.
Pincer le vent est leur grand rôle.

Voguant sous tous les pavillons,
Tous les courans leur semblent bons,
Le vent est leur boussole.

SAINT—TRON.

Vire de bord, serre le vent.

JACQUES.

Vire de bord, etc.

CHŒUR.

Allons, gai, etc.

DIPHTONGUE.

Dans le champ des arts, moi, je vois
Ce qu'on voit à bord des corsaires :
Très-peu d'estime entre confrères,
Force pillage et peu d'exploits.
D'un butin fait avec scandale,
L'un l'autre va se dépouillant,
Et souvent, en se houspillant,
Tout tombe à fond de cale.

SAINT—TRON.

Relevez les perroquets.

JACQUES.

Relevez les perroquets.

CHŒUR.

Allons, gai, etc.

SAINT—TRON.

Longtemps le vaisseau de l'Etat,
Privé d'un guide adroit et sage,
Courut de naufrage en naufrage ;
Mais il reprend tout son éclat.
De la vague qui le balotte,
Que peut-il craindre désormais ?
Rassurez-vous, jeunes Français,
Louis est son pilote.

Toutes les voiles dehors, c'est pour le Roi.

CHŒUR.

Allons, gai, etc.

THÉODORE, *au public*.

Sur un esquif assez léger,
Maint auteur tente la fortune.
Bientôt la bourasque importune
L'assiége et va le submerger.
Pourquoi donc eût-il l'imprudence
De s'exposer à son courroux ?
Messieurs, c'est qu'il voyait en vous
Son ancre d'espérance.

SAINT—TRON.

Feu de bas bord et de tribord.

CHŒUR.

Allons, gai ; etc.

FIN.

Imprimerie d'A. Beraud, Faubourg S. Martin, n°. 70.